킹제임스 성경
팩트 체크!

변승우 지음

도서
출판 거룩한진주

"천지는 없어질지언정 내 말은 없어지지 아니하리라." (마태복음 24:35)

여러분도 잘 아시는 김승규 장로님은 법무부 장관과 국정원 원장을 지낸 분입니다. 더 중요한 것은 목사 뺨칠 만큼 신앙이나 인품이 훌륭하시다는 것입니다. 제가 진심으로 존경하는 분입니다. 그런데 다문화TV에서 방송한 제 설교를 듣고 비서인 허작 목사님에게 이런 문자를 보내오셨습니다.

목사님, 나는 변 목사님의 설교 「왜 이삭을 제단에 드릴 때 행함으로 의롭다함을 받았다고 할까?」가 참 명설교라고 생각합니다. 듣고 또 들어보면 좋은 설교라고 생각됩니다.

저는 디모데후서 4장 6-8절을 참 좋아하는데 옛날에는 '믿음을 지켰으니'가 구체적으로 무슨 내용의 말씀인지 늘 궁금했어요. 오늘 이 설교를 다시 들어보니 정말 성경 전체가 들어있는 참 좋은 설교네요. 이 설교를 가지고 행함을 위해 성령님의 도우심을 의지하면서 기도 많이 해야겠습니다.

-김승규 드림-

이 설교는 제가 최고로 꼽는 설교 중에서도 대표적인 것입니다. 그런데 그 엄청난 중요성을 충분히 깨닫지 못하는 분들이 많아 답답했습니다. 그랬던 터라, 이 문자가 저에게 큰 위로와 격려가 되었습니다.

그 후, 저는 로마서 8장 2절에 나오는 해방의 정확한 의미를 파헤치는 설교를 했는데 그 핵심 내용은 다음과 같습니다.

> 로마서 8:1-2 "그러므로 이제 그리스도 예수 안에 있는 자에게는 결코 정죄함이 없나니 **이는 그리스도 예수 안에 있는 생명의 성령의 법이 죄와 사망의 법에서 너를 해방하였음이라.**"

여기서 바울이 말하는 '해방'은 정확히 어떤 것일까요?

많은 이들이 해방이 무슨 뜻인지 안다고 생각합니다. 저도 그랬습니다. 그러나 성경을 연구하면서 그 정확한 의미를 놓쳤다는 것을 알았습니다. 또, 저는 해방의 의미를 깨달은 후에도 균형을 잡지 못했습니다. 그러다 2024년 6월 20일 아침기도 시간에 하나님의 은혜로 해방의 의미를 정확히 캐치하고 균형을 잡을 수 있었습니다. 그것을 네 가지로 정리하면 다음과 같습니다.

첫째로, 바울이 말한 "해방"은 죄의 지배에서 자유케 된 실제적인 해방이다!

먼저, 저는 루터의 『노예의지』라는 책이 옳다고 생각하지 않습니다. 또, 에라스무스의 『자유의지』라는 책이 틀렸다고 생각하지도 않습니다. 오히려 루터의 『노예의지』라는 책이 틀렸고, 에라스무스의 『자유의지』라는 책이 옳다고 생각합니다. 그러므로 책 내용이 아니라 제목을 사용해서 설명하고 있다는 것을 기억하고 들어주시기 바랍니다.

하나님은 사람에게 자유의지를 주셨습니다. 첫 사람 아담에게는 자유의지가 있었습니다. 선악과를 따먹을 수도 있었고 따먹지 않을 수도 있었습니다. 어쩔 수 없이 따먹은 것이 아닙니다. 자유의지로 스스로 그렇게 한 것입니다.

그런데, 그 후 인간의 자유의지에 문제가 생겼습니다. 전에는 자유로웠고 종이 아니었습니다. 그런데 모두 죄의 종이 되었습니다. 여전히 자유의지가 있지만 마치 노예의지처럼 되어버렸습니다. 원하는 선을 행하지 못하고 원치 않는 악을 행할 수밖에 없게 되었습니다. 로마서 7장은 바로 이런 상태를 묘사한 것입니다.

또한, 바울이 2절에서 말한 "해방"도 정확히 이 상태에서의 해방입니다. 7장은 죄의 법이 룰처럼 작용하며 사람을 다스리고 있음을 보여줍니다. 이것이 그것을 죄의 법이라고 부른 이유입니다. 그런데 바울은 8장 2절에서 죄의 법에서 너를 해방하였다고 했습니다. 노예의지처럼 되어버린 우리의 의지를 자유의지로 회복시켜 주셨다는 뜻입니다. 이것이 바로 '해방'입니다!

이것은 8장 1절의 "이제는"이 7장 6절을 받고 있

다는 것을 통해서도 증명이 됩니다. 6절은 5절과 다른 상태이고, 5절과 같은 상태를 보여준 것이 7-13절뿐 아니라 14-25절이기 때문입니다. 이 중 뒤 단락은 죄의 법 아래서 노예의지를 갖고 있는 것과 같은 상태이고 8장 1-2절은 그 반대의 상태입니다. 그러므로 바울이 말한 '해방'은 실제로 노예의지를 갖고 있는 것 같은 상태에서의 해방입니다.

또, 이것은 8장 1절의 "이제는"이 7장 6절뿐 아니라 25절 전반절을 받고 있다는 것을 통해 다시 한번 증명이 됩니다.

"우리 주 예수 그리스도로 말미암아 하나님께 감사하리로다."

왜냐하면 그 전 절이 노예의지를 갖고 있는 것과 같은 상태이기 때문입니다. 그러므로 참으로 8장 2절의 "해방"은 노예의지와 같은 상태에서의 해방입니다.

한편, 이것은 인류에게 가장 필요한 해방이고 참 해방입니다. 왜냐하면 모든 사람은 죄인이고 태생적으로 다음과 같은 상태이기 때문입니다.

로마서 7:15-20 **"내가 행하는 것을 내가 알지 못하노니 곧 내가 원하는 것은 행하지 아니하고 도리어 미워하는 것을 행함이라. 만일 내가 원하지 아니하는 그것을 행하면 내가 이로써 율법이 선한 것을 시인하노니 이제는 그것을 행하는 자가 내가 아니요 내 속에 거하는 죄니라. 내 속 곧 내 육신에 선한 것이 거하지 아니하는 줄을 아노니 원함은 내게 있으나 선을 행하는 것은 없노라. 내가 원하는 바 선은 행하지 아니하고 도리어 원하지 아니하는 바 악을 행하는도다. 만일 내가 원하지 아니하는 그것을 하면 이를 행하는 자는 내가 아니요 내 속에 거하는**

죄니라."

우리는 이 구절들을 한 구절로 요약할 수 있습니다.

예레미야 13:23 **"구스인이 그의 피부를, 표범이 그의 반점을 변하게 할 수 있느냐? 할 수 있을진대 악에 익숙한 너희도 선을 행할 수 있으리라."**

이것이 타락한 아담의 후예인 전 인류의 절망적인 상태입니다. 그런데 바울이 말한 해방은 이 상태에서의 해방입니다. 그러므로 실제로 해방입니다! 또한, 인류에게 가장 필요하고 가장 놀라운 해방입니다!

둘째로, 바울이 말한 "해방"을 과도하게 생각하는 것은 금물이다!

저는 사람들이 바울이 말한 해방을 실제보다 과하게 생각하고 있음을 알았습니다. 몇몇 성경 구절들 때문입니다. 예를 들어, 에스겔은 "내 신을 너희 속에 두어 내 율례와 규례를 지켜 행하게 하리니"(겔 36:27)라고 예언했습니다. 또한, 바울은 육신에 있는 자들은 하나님을 기쁘시게 할 수 없다고 한 후 "만일 너희 속에 하나님의 영이 거하시면 너희가 육신에 있지 아니하고 영에 있나니"(롬 8:9)라고 말했습니다. 이 구절들은 우리가 완전히 바뀌었다는 인상을 줍니다. 게다가, "해방"이라는 단어도 느낌이 강합니다. 그래서 많은 이들이 "해방"을 성령을 믿고 의지할 때 죄를 이기고 순종하는 상태가 된 것을 뜻한다고 생각합니다.

그러나 "해방"은 죄를 이기고 순종하는 상태가 된 것이 아닙니다. 그 증거로, 만약 우리에게 그런 해방이 주어졌다면 죄와 싸울 필요가 없습니다. 예를 들어, 해방되기 전인 일제시대 때는 독립운

동을 하며 싸웠습니다. 그러나 해방된 후에는 싸울 필요가 없지요! 그런데 바울은 자기 몸을 쳐서 복종시켰습니다. 즉, 싸웠습니다. 우리도 싸워야 합니다. 그러므로 그런 해방이 우리에게 주어진 것이 아닙니다.

또, 만약 그런 해방이 주어졌다면 모든 신자가 다 성화되고 다 천국에 가야 합니다. 한 번 구원이 영원한 구원이 될 것입니다. 그러나 그렇지 않지요? 그러므로 해방에 대한 그런 견해는 정확한 것이 아닙니다.

그렇다면 바울이 말한 "해방"은 어떤 것일까요?

그것은 죄를 이기고 순종하는 상태가 된 것이 아니라 죄를 이길 수 있고 순종할 수 있는 상태가 된 것입니다. 해방은 과거에는 불가능했던 것이 가능하게 된 것을 뜻합니다. 그것이 해방입니다! 그러므로 해방이 되었어도 필히 육신을 따르지 않고 성령을 따라 행해야 합니다. 그래야 율법의 요구가 이루어집니다.

그런데, 우리가 육신을 따르지 않고 성령을 따라 행하겠다고 진심으로 결단해도 항상 그렇게 할 수 있는 것이 아닙니다. 그래서 주로 율법의 요구를 이루며 살지만 우발적으로 또는 일시적으로 죄를 짓습니다. 그러므로 우리는 해방을 이런 죄에서까지 자유케 된 것처럼 지나치게 생각하지 않도록 주의해야 합니다.

셋째로, 바울이 말한 "해방"은 성령을 따르고 율법의 요구를 이루는 삶으로 인도한다!

'해방'의 목적이 무엇인지 아십니까? 그것은 바로 율법의 요구를 이루게 하는 것입니다. 또, 그것이 곧 서기관과 바리새인보다 나은 의입니다(마 5:20). 참 신자는 모두 이 의를 가지고 있습니다. 또, 그들만 천국에 들어갑니다. 이것은 예수님이 마태복음 5장에서뿐 아니라 바울이 로마서 8장에서 똑같이 강조하고 있는 내용입니다. 그러므로 우리는 반드시 성령을 따르고 율법의 요구를 이루는 삶을 살아가야 합니다.

하나님은 우리를 죄의 속박에서 해방시켜 주셨습니다. 그러나 자동적으로 율법의 요구가 이루어지지 않습니다. 육신이 아니라 성령을 따라 행할 때 율법의 요구가 이루어집니다. 그러므로 설교자들은 반드시 해방뿐 아니라 육체를 따르지 않고 성령을 따라 행해야 할 것을 강조해야 합니다.

또, 우리가 절대로 간과하면 안 되는 것이 있습니다. 그것은 바울은 성도들에 대해 긍정적인 기대와 전망을 가지고 있었다는 점입니다.

> 로마서 6:22 “그러나 이제는 너희가 죄로부터 해방되고 **하나님께 종이 되어 거룩함에 이르는 열매를 ‘맺었으니’(원어에는 현재시제)** 그 마지막은 영생이라.”

바울은 로마교회 성도들의 이 상태에 근거해서, 로마서를 받은 후에는 더욱 육신이 아니라 성령을 따라 행하여 율법의 요구를 이루고 궁극적인 구원을 받을 것이라고 기대하고 믿었습니다. 이 믿음에 근거해서 8장 31-39절에서는 아무도 그들을 하나님과 그리스도의 사랑에서 끊을 수 없다고 말하기까지 했습니다. 그러므로 우리 모두 "해방"의 의미를 지나치게 소극적인 것으로 축소시키지 않도록 조심해야 합니다.

즉, 우리는 해방된 신자들에 대해, 바울처럼 그들 대부분이 육신이 아니라 성령을 따라 행하여 율법의 요구를 이루고 궁극적인 구원을 받을 것이라고 기대하고 믿어야 합니다. 물론 이것은 로마서에서처럼 칭의와 성화와 견인의 교리가 성경대로 선포될 때만 기대할 수 있습니다. 그래서 진리를 옳게 분별하고 타협하지 않고 전하는 것이 중요합니다. 또한, 교회 선택이 중요한 것입니다.

이제, 다음 두 구절을 비교해 보십시오.

로마서 6:4 "그러므로 우리가 그의 죽으심과 합하여 세례를 받음으로 그와 함께 장사되었나니 이는 아버지의 영광으로 말미암아 그리스도를 죽은 자 가운데서 살리심과 같이 **우리로 또한 새 생명 가운데서 행하게 하려 함이라.**"

로마서 8:2 "이는 그리스도 예수 안에 있는 **생명의 성령의 법이** 죄와 사망의 법에서 **너를 해방하였음이라.**"

우리는 새로운 피조물입니다. 그러므로 새 생명 가운데서 행해야 합니다. 그런데 우리에게 새 생명을 주신 분은 "생명의 성령"이라 불리는 성령님입니다. 우리는 성령에 의해 거듭남으로 새 생명을 갖게 되었습니다. 이것이 제가 해방과 거듭남을 같은 것이라고 보는 이유 중 하나입니다.

그런데 사도 요한이 거듭난 자들에 대해 뭐라고 말했습니까?

요한일서 3:9 "**하나님께로부터 난 자마다 죄를 짓지 아니하나니** 이는 하나님의 씨가 그의 속에 거함이요 그도 범죄하지 못하는 것은 하나님께로부터 났음이라."

요한일서 5:4 "**무릇 하나님께로부터 난 자마다 세상을 이기느니라.** 세상을 이기는 승리는 이것이니 우리의 믿음이니라."

요한일서 5:18 "**하나님께로부터 난 자는 다 범죄하지 아니하는 줄을 우리가 아노라.** 하나님께로부터 나신 자가 그를 지키시매 악한 자가 그를 만지지도 못하느니라."

요한은 요한일서에서 버림받을 수 있다는 사실을 인정했습니다(요일 2:15-17, 24, 28, 3:3, 5:16-17). 그러면서도, 동시에 거듭난 신자들에게 죄를 짓지 않아야 한다가 아니라 죄를 짓지 않는다고 했고, 세상을 이겨야 한다가 아니라 세상을 이기느니라 라고 말했습니다. 그러므로 우리도 "해방"을 율법의 요구를 이루는 것과 완전히 분리시키지 말고 신자들이 대개는 그로 인해 그렇게 살 것이라는 긍정적인 기대와 전망을 가져야 합니다. 즉, "해방"과 "율법의 요구"를 이루는 것 사이에 불연속성뿐 아니라 연속성이 있다는 것을 인정해야 합니다. 그렇게 함으로써 해방의 의미를 너무 약화시키지 않도록 조심해야 합니다.

그런데, 이미 말한 대로 이것은 로마서나 요한일서에서처럼 칭의와 성화와 견인의 교리가 바르게 선포될 때 기대할 수 있는 일입니다. 그러므로 모든 교회의 성도들이 다 그렇다는 것이 아닙니다. 그런데 우리 교회는 성경대로 올바른 진리가 선포되고 있습니다. 그러므로 바울이나 요한이 가진 긍정적인 기대와 전망을, 자신과 대다수 성도들을 상대로 가질 수 있어야 합니다. 그래야 정상입니다. 이것이 '해방'을 이해할 때 우리에게 필요한 균형입니다! 할렐루야!

넷째로, "해방"되었다고 죄에 대한 승리와 순종이 반드시 쉬운 것은 아니다!

하버드를 졸업한 허대니 목사님이나 서울대를 졸업한 이정우 목사님 사모님처럼 어떤 사람들은 "공부가 제일 쉬웠어요"라고 말합니다. 그러나 대부분의 학생들은 동의하지 않습니다. 재수 없다고 생각합니다.

마찬가지로, 김옥경 목사님이나 박세훈 목사님처럼 "말씀대로 사는 것이 제일 쉬웠어요"라고 말하는 사람들이 있습니다. 물론 성화나 완전성화가

된 사람들은 말씀대로 사는 것이 쉽다고 느낄 수 있습니다. 그것이 더 자연스러울 수도 있습니다. 그러나 다수는 그렇지가 않습니다.

또한, 우리는 바울이 성화된 사람이고 완전성화가 된 사람이었음에도 불구하고 자기 몸을 쳐서 복종시켰다는 것을 기억해야 합니다. 몸의 속량이 이루어지지 않았기 때문입니다. 그러므로 성화나 완전성화가 되었어도 상대적으로 쉬울 수는 있어도 마냥 쉬운 것이 아닙니다.

실제로, 참 신자가 율법의 요구를 이루며 사는 것은 맞지만, 그것이 자동적으로 되거나 쉽지만은 않습니다. 심지어, 반드시 되는 것도 아닙니다. 그래서 버림받는 사람이 나오는 것 아니겠습니까?

그런데도, 오늘날 해방을 싸우지 않아도 자연스럽게 이길 수 있는 것으로 착각하거나, 갈등이나 탄식이 없고 의와 평강과 희락만 넘치는 것으로 착각하는 사람이 많습니다. 그래서 자신이 구원받지 못했다고 착각합니다. 즉, 주로 순종하면서 우발적인 죄를 짓고 있으면서도 자신이 거듭나지 못했다고 생각하고 구원의 확신을 갖지 못한 신자들이 많습니다. 이것이 바울이 말한 해방을 정확히 이해하지 못할 때 일어나는 일입니다. 또한, 제가 해방에 대해 자세히 설명하고 있는 이유이기도 합니다.

그런데, 이것을 이처럼 보강하기 전의 설교를 김승규 장로님이 들으시고 이런 문자를 보내오셨습니다.

"킹제임스 성경은 로마서 8장 1절을 이렇게 번역했습니다.

'이제 그리스도 예수 안에 있는 자들에게는 결코 정죄함이 없나니 **그들은 육신을 따라 걷지 아니하고 성령을 따라 걷느니라.**'

이처럼 킹제임스 성경에는 로마서 8장 1절에 하반절이 붙어 있습니다. 그렇다면 '해방'이라는 뜻이 진짜 해방이 아니겠습니까?

킹제임스 성경이 만들어지고 400여 년을 지내오다가 1850년쯤에 와서 시내산 사본, 바티칸 사본 등이 발견됨에 따라 성경에 칼질을 하기 시작했지 않습니까? 그래서 하반절이 떨어져 나간 것입니다."

장로님은 성경 지식이 수준급이고 헬라어와 히브리어도 공부를 하셨습니다. 그래서 당시 이 문자에 대한 보고를 받고 스트레스가 확 몰려왔습니다. 성경을 연구하느라 극도로 피곤하고 지쳐있는 상태였는데 '아~ 또 해석이 뒤집히는 것인가?'라는 끔찍한 생각이 들었기 때문입니다. 저는 비상이 걸렸고, 즉시 킹제임스 성경을 포함해서 성경 본문을 자세히 살펴보았습니다. 다행히, 그 번역이 옳다 해도 해방에 대한 제 해석이 뒤집히지는 않더라고요. 그러나 상대가 김승규 장로님이라 세 번에 걸쳐 꼼꼼하게 연구하고 거듭 확인했습니다. 그것을 설명하면 다음과 같습니다.

킹제임스 성경에는 "그러므로 이제 그리스도 예수 안에 있는 자들에게는 결코 정죄함이 없나니" 뒤에 "그들은 육신을 따라 걷지 않고 성령을 따라 걷느니라."가 나옵니다. 그래서 결코 정죄함이 없다는 뜻이 됩니다. 그 뒤 "이는 그리스도 예수 안에 있는 생명의 성령의 법이 죄와 사망의 법에서 너를 해방하였음이라."라고 했습니다. 그래서 해방됐기 때문에 육신을 따라 걷지 않고 성령을 따라 걷는다는 의미가 될 수 있습니다. 그 결과 제 견해와 달리 해방이 육신을 따르지 않고 성령을 따라서 행하는 삶을 포함할 수도 있습니다.

그러나 저는 킹제임스 성경의 "그들은 육신을 따라 걷지 아니하고 성령을 따라 걷느니라."를 그대로 인정해도 나의 견해와 같은 결과가 나오지 않나? 라는 생각이 들었습니다. 왜냐하면 "이제 그리스도 예수 안에 있는 자에게는 결코 정죄함이 없나니 그들은 육신을 따르지 않고 성령을 따라 걷느니라."에 이어 2절에 "이는 그리스도 예수 안에 있는 생명의 성령의 법이 죄와 사망의 법에서 너를 해방하였음이라."라고 되어 있기 때문입니다. 이것을 해방이 됐기 때문에 육신이 아니라 성령을 따라 행한다는 뜻으로 볼 수도 있습니다. 그 다음에 3절이 나오고, 4절에 "육체를 따르지 않고 그 영을 따라 행하는 우리에게 율법의 요구가 이루어지게 하려 하심이니라."라고 썼습니다. 즉, 2절의 "해방하였음이라." 뒤인 3절에 "왜냐하면"이 있고 4절에서는 "율법의 요구가 이루어지게 하려 하심이니라."라고 했습니다. 반드시 이루어진다는 것이 아니고 그것을 목적으로 하나님께서 3절에서 말한 일을 행하셨다는 뜻입니다. 이것은 4절 앞부분이 조건이며 신자에게 자동으로 되는 것이 아니라는 것을 보여줍니다. 또, 4절뿐 아니라 그 뒤 구절들도 13절까지 계속 같은 내용입니다. 이처럼 육체가 아니라 성령을 따라 행하라는 교훈을 주다가 12-13절에서 이렇게 결론 내렸습니다.

> "그러므로 형제들아 우리가 빚진 자로되 육신에게 져서 육신대로 살 것이 아니니라. 너희가 육신대로 살면 반드시 죽을 것이로되 영으로써 몸의 행실을 죽이면 살리니"

그러므로 이것은 해방으로 끝난 것이 아니라, 육체를 따르지 않고 성령을 따라 행하는 것이 필수적인 요구라는 것을 보여줍니다. 또, 갈라디아서 5장 16절도 이 사실을 뒷받침해 줍니다.

> "내가 이르노니 너희는 성령을 따라 행하라. 그리하면 육체의 욕심을 이루지 아니하리라."

왜냐하면 신자들에게 하는 명령이기 때문입니다. 그러므로 해방된 사람이 육신을 따를 수 없는 것이 아닙니다. 즉, 구원받은 신자가 반드시 육체가 아니라 영을 따라 행하는 것이 아닙니다. 이것이 바울이 4절에 나오는 권면을 한 이유입니다. 결과적으로 제 해석과 같지요! 그러므로 해방에 대한 해석이 무너지지 않습니다.

다음으로, 어떤 분들은 "전에 생각한 수준의 해방이 되었으니 쉬울 수 있는데, 자유의지가 있기 때문에 '육신을 따르지 말고 성령을 따라 행하라'고 말한 것일 수도 있지 않느냐?"라고 반문할 수 있습니다. 즉, 높은 수준의 해방이 됐으나 육신을 따르지 않고 성령을 따라 행하라! 단순히 그렇게 말한 것이라고 주장할 수도 있습니다.

그러나 그렇지 않습니다. 왜냐하면 고린도전서 9장 27절에 따르면 바울도 자기 몸을 쳐서 복종시켜야 했기 때문입니다. 또, 갈라디아서 5장과 비교해 보아도 그렇지 않다는 것이 분명해집니다.

> 갈라디아서 5:17 **"육체의 소욕은 성령을 거스르고 성령은 육체를 거스르나니 이 둘이 서로 대적함으로 너희가 원하는 것을 하지 못하게 하려 함이니라."**

왜냐하면 갈등이 있기 때문입니다. 그러므로 높은 수준의 해방이 되었지만 단지 자유의지가 있어서 육신이 아니라 성령을 따르라고 말한 것이 아닙니다. 물론 죄를 이기고 순종하는 것은 가능합니다. 그러나 갈등이 있고 쉽지만은 않습니다. 그래서 바울도 자기 몸을 쳐서 복종시켰고, 베드로가 육체의 정욕이 영혼을 거스른다고 말하고, 히브리서 저자도 단순히 죄와 싸우는 것이 아니라 때로는 피 흘리기까지 싸워야 한다고 한 것입니다. 특히, 히브리서 저자의 말은 때로는 단순히 죄와 싸운다고 이기는 것이 아니라 피 흘리기까지 싸워야 이길 수 있다는 뜻입니다. 이것은 모두 신자가 경험한 해방이 전에 우리가 생각한 그런 높은 수준이 아니라는 것을 뒷받침해 줍니다. 또, 이 같은 제 해석은 구원에 대한 큰 구도인 '이미와 아직'과도 잘 어울립니다. 그러므로 킹제임스 성경 때문에 해방에 대한 제 해석이 무너지지는 않습니다.

그런데, 장로님께서 보내준 문자를 보고 제일 먼저 든 생각이 무엇인지 아십니까? '나는 킹제임스 성경에 대해 잘 모른다. 그런데 그 성경을 얼마나 신뢰할 수 있는가?'였습니다. 장로님은 그 문자에서 로마서 8장 1절 킹제임스 성경을 인용하셨고 끝에 이렇게 쓰셨습니다.

"킹제임스 성경이 만들어지고 400여 년을 지내오다가 1850년쯤에 와서 시내산 사본, 바티칸 사본

등이 발견됨에 따라 성경에 칼질을 하기 시작했지 않습니까? 그래서 하반절이 떨어져나간 것입니다."

참 대단한 분이지요! 어떻게 목회자도 아닌데 이런 것을 다 아실까요? 그러나 이것은 킹제임스 성경을 지나치게 높이 평가하는 사람들의 견해와 일치합니다.

오래전, 제가 다른 두 분과 함께 킹제임스 성경을 추종하는 인천의 한 유명한 교수 겸 목사님과 만난 일이 있습니다. 그때 그 목사님이 성경 진리를 굉장히 강조하면서 방언과 은사들을 터부시하는 발언을 했습니다. 그래서 제가 초면이지만 정면으로 "성경에 나오는 복음과 가르침만 진리냐? 방언과 예언과 기적들도 다 성경에 기록되어 있는 것들이다. 그런데 그것들을 무시하고 터부시하면서 어찌 자신이 성경적이라고 생각하느냐?"라고 질타했습니다. 그 만남은 저에게 킹제임스 성경을 신봉하는 사람들이 다분히 교리적이고 진짜 성경적이지는 않다는 강한 인상을 심어주었습니다.

그 후, 세월이 흘러 저는 클라우드(David Cloud) 외 다수가 쓴 『칼빈주의 비평』이라는 매우 두꺼운 책을 구입했습니다. 그런데 책을 읽다가 이상해서 자세히 살펴보니, 인천의 그 목사님이 첫 단락과 상당한 부분을 쓴 책이었습니다. 한국인이 우리나라에서 책을 출판하면서 왜 자기 이름을 감추고 외국인의 이름을 내세웁니까? 그래서 저는 책을 판매하려는 꼼수고 부정직하다는 느낌을 받았습니다. 저는 그분의 판단을 신뢰하지 않습니다. 때문에 만약 주저자가 그 목사님이라는 것을 알았다면 책을 구입하지 않았을 것입니다. 그래서 책을 읽다 덮었고 돈만 날린 일이 있습니다.

그런데, 저는 그 책에서 개역개정 성경에 빠지고 없는 많은 구절들이 킹제임스 성경에 있다는 것을 읽었습니다. 그 순간, 잠시 공황상태에 빠졌습니다. 왜냐하면 '만약에 킹제임스 성경이 옳고 개역 성경에 없는 구절이 많다면… 와~ 그러면 지금까지 평생을 개역 성경과 개역개정 성경을 가지고 성경연구를 했는데 판이 흔들리는 것 아니야? 만일 그렇다면 그동안 성경을 연구하는 것이 얼마나 힘들었는데 킹제임스 성경을 가지고 성경연구를 완전히 다시 시작해야 하는 것 아니야?'라는 생각이 들었기 때문입니다. 그래서 스트레스가 물밀듯 몰려왔습니다. 그러다가, 그 책 맨 뒤에 수록되어 있는 표를 보고 다시 안정을 찾았습니다.

개역 성경에서 삭제된 구절들

	성경 구절	개역 성경	킹제임스 흠정역 성경
1	마17:21	(없음)	그럼에도 불구하고 이런 종류는 기도와 금식에 의하지 않고서는 나가지 아니하느니라, 하시니라.

2	마18:11	(없음)	사람의 아들은 잃어버린 것을 구원하려고 왔느니라.
3	마23:14	(없음)	서기관들과 바리새인들, 위선자들아, 너희에게 화가 있을지어다! 너희가 과부들의 집을 삼키고 위장하려고 길게 기도하니 그러므로 너희가 더 큰 정죄를 받으리라.
4	막9:44	(없음)	거기서는 그들의 벌레도 죽지 아니하고 불도 꺼지지 아니하느니라.
5	막9:46	(없음)	거기서는 그들의 벌레도 죽지 아니하고 불도 꺼지지 아니하느니라.
6	막11:26	(없음)	그러나 너희가 용서하지 아니하면 하늘에 계신 너희 아버지께서도 너희 범법들을 용서하지 아니하시리라, 하시니라.
7	막15:28	(없음)	이로써, 그는 범법자들과 함께 계수되었도다, 하고 말하는 성경기록이 성취되었더라.
8	눅17:36	(없음)	두 남자가 들에 있을 터인데 하나는 붙잡혀 가고 다른 하나는 남겨지리라, 하시니라.
9	눅23:17	(없음)	(이는 그 명절이 되면 필히 빌라도가 반드시 한 사람을 그들에게 놓아주어야 하기 때문이더라.)

10	행8:37	(없음)	빌립이 이르되, 만일 그대가 마음을 다하여 믿으면 받을 수 있느니라, 하매 내시가 응답하여 이르되, 예수 그리스도께서 하나님의 아들이심을 내가 믿노라, 하고는
11	행15:34	(없음)	그럼에도 불구하고 실라는 거기에 그대로 머무는 것을 기뻐하였으며
12	행28:29	(없음)	그가 이 말을 하매 유대인들이 떠나 자기들끼리 큰 논쟁을 벌이더라.
13	롬16:24	(없음)	우리 주 예수 그리스도의 은혜가 너희 모두와 함께 있기를 원하노라. 아멘.
14	요일 5:6~7	6 … 물과 피로 임하셨고 7 증거하는 이는 성령이시니 성령은 진리니라	6 이분은 물과 피로 오신 분이시니 곧 예수 그리스도시니라. … 증언하시는 분은 성령이시니 이는 성령께서 진리이시기 때문이라. 7 하늘에 증언하는 세 분이 계시니 곧 아버지와 말씀과 성령이시라. 또 이 세 분은 하나이시니라. (개역 성경은 7절을 빼고 원래 6절 전반부는 6절에, 후반부는 7절에 넣음.)

표준새번역, 공동번역, NIV, NASB 등도 위의 구절들을 빼거나 또는 원래 없는 것처럼 괄호나

각주 처리함.[1]

저는 이 표를 보고 어이가 없었습니다. 왜냐하면 빠지고 없다는 구절들이 거의 다 다른 구절들에 있고 근처에 있는 구절을 반복한 것에 지나지 않았기 때문입니다. 때문에 성경에 나오는 복음과 진리를 옳게 이해하는 데 변수가 되지 않습니다. 그런데 왜 "킹제임스, 킹제임스" 하고 호들갑을 떠는지 이해할 수가 없었습니다.

물론, 한 구절 예외가 있었습니다. 삼위일체에 대한 요한일서 5장 7-8절이 그것입니다. 영어 흠정역(King James Version)[2]은 이 구절을 이렇게 번역했습니다.

---

1 클라우드(David Cloud) 외 다수 『칼빈주의 비평』 이정원 외 다수 옮김. 인천: 그리스도 예수 안에, 2023. p. 438.

2 참고로, KJV(King James Version), AV(Authorized Version), 흠정역 모두 킹제임스 성경을 뜻한다.

"하늘에 기록되어 있는 것이 셋인데, 이는 성부 와 말씀과 성령이다: 그리고 이 셋은 하나이다. 그리고 **땅에서** 증거하고 있는 것이 셋인데, 이는 영과 물과 피이다."([NKJV] 요일 5:7 For there are three that bear witness in heaven: the Father, the Word, and the Holy Spirit; and these three are one. 요일 5:8 And there are three that bear witness on earth: the Spirit, the water, and the blood; and these three agree as one.)

저는 과거에 이 구절들에 대한 주석을 읽고 연구한 적이 있습니다. 그래서 이것이 성경 원본에 나오는 내용이 아니라는 것을 이미 알고 있었습니다. 그러나 정확성을 위해, 다시 모든 주석을 읽으며 연구했습니다. 그 결과, 주석가들이 이구동성으로 킹제임스 성경에 나오는 내용이 원문에 있는 것이 아니라 첨가한 것이라고 결론을 내렸다는 것을 알았습니다. 그중 몇 가지를 소개하면 다음과 같습니다.

먼저, 스테핀 S. 스말리는 『WBC 요한 1, 2, 3서』 주석에서 이렇게 썼습니다.

> "비록 그 증거가 충분하지는 못하지만, **이 문단은 8세기 이전에는 이런 본문들에 나타나지 않았던 것처럼 보인다.** 이 부분은 분명 제롬의 Vg(circa a.d. 404)에는 등장하지 않는다. … 미미한 사본들의 증명이 Vg의 판본들에 약간 남아 있고, 또한 **AV 안에 살아남기는 했지만, 대부분의 현대 번역자들은 이 단어들을 본문에서 빼내버린다.**
>
> **어쨌거나** 이 문단의 사상적 흐름을 방해하는 **이 단락은 분명 써넣은 부분이다.** 어쩌면 이 부분은 3세기와 4세기에 삼위일체 교리에 대해 이해하고 있던 사람들이 이 본문을 삼위일체적인 방식으로 설명

하기 위해 시도한 것을 보여주는 것인지도 모른다."[3]

또, 로버트 야브루는 『BECNT 요한서신』 주석에서 이렇게 썼습니다.

"5장 7-8절에서는 KJV가 번역한 헬라어 본문과 NIV가 번역한 NA[27] 독법 사이에 현저한 차이가 있다. KJV에 추가된 자료는 고딕체로 표시했다.

'**하늘에서** 증언하는 이가 셋이니 **아버지와 말씀과 성령이라. 이 셋은 하나이다. 또한 땅에서 증언하는 이가 셋이니,** 성령과 물과 피라. 또한 이 셋은 하나로 일치한다.'

… **고딕으로 표시한 부분에 해당하는 헬라어 본문**('요한의 코마'로 부르는 경우가 많은데, 여기서 '코마'는 '절(節)'을 가리키는 라틴어다[참고, 헬

3 스테핀 S. 스말리 『WBC 요한 1, 2, 3서』 조호진 옮김. 서울: 솔로몬, 2014. pp. 467-468.

라어 κόμμα, '코마', '구절'])은 요한이 쓴 것이 아니다(Carson and Moo 2005: 682). 이것들이 중요한 진리를 담고 있어도 원독법은 아니다."[4]

또한, 캐런 H. 좁스는 『강해로 푸는 요한일·이·삼서』에서 이렇게 썼습니다.

"성부, 성자, 성령의 세 인격의 참여를 삼위일체 교리로 인정하게 되자 라틴어 본문에는 나타나지만, 14세기 이전에 나온 헬라어 본문에는 나타나지 않는 것이 삽입되었을 것이다. 곧, 오늘날 '요한의 콤마'(Johannine comma, 요한의 삽입 어구)로 알려진 글이 삽입되었을 것이다. … 여기서 '요한의 콤마'는 5:7과 5:8 사이에 추가로 삽입된 어구이다. … 요한이 추가로 삽입된 어구를 편지에

4 로버트 야브루 『BECNT 요한서신』 최병필 옮김. 서울: 부흥과개혁사, 2021. p. 414.

쓰지 않은 것은 거의 확실하지만, 요한의 본문은 성육신하신 아들의 지상 생애에 반영된 구원에 관한 신격의 연합과 인간의 삶 속에서 이루어지는 성령의 지속적인 사역을 포착하는 해석을 대변한다."[5]

마지막으로, 월터 카이저 외 다수가 쓴 『IVP 성경난제주석』에는 이렇게 기록되어 있습니다.

"KJV를 읽는 이들은 NIV 및 다른 현대 역본에서 요한일서 5:7에 '하늘에서 증언하시는' 세 분 곧 '아버지와 말씀과 성령'이 나오지 않음을 알아차릴 것이다. **이렇게 생략한 이유는 아주 간단하다. 이 현대 역본들이 생략한 구절은 라틴어역 불가타의 후대 사본들에는 있으나, 초기 사본들에는 나오지 않는다. 또 헬라어 사본을 보아도 16세기 이전**

5 캐런 H. 좁스 『강해로 푸는 요한일·이·삼서』 김귀탁 옮김. 서울: 디모데, 2018. p. 251.

에는 그런 절이 나오지 않는다. 그 결과, 학자들은 한 목소리로 요한일서 원문에는 이 말이 없다는 결론을 내렸다.”[6]

그러나, 단 한 권 『현대성서주석 요한 1, 2, 3서』는 처음에는 요한이 개역개정처럼 썼다가 다시 킹 제임스 성경에 나오는 것처럼 바꿨을 수도 있다는 희한한 주장을 펼쳤습니다. 그러나 그 책의 저자 D. 무디 스미스도 이것이 추가된 것이라는 것을 부정하진 못했습니다.

“서신의 내용이 교회에서 전승되면서 확실하게 추가된 것들도 있다. 예를 들면, 어떤 사본들은 좀 더 적절한 종결부를 만들기 위해 끝에 ‘아

6 월터 카이저·F. F. 브루스·맨프레드 브라우치·피터 데이비즈 『IVP 성경 난제주석』 김재영·김지찬·박태규·이철민 옮김. 서울: 한국기독학생회 출판부, 2017. p. 798.

멘'을 추가하였다(5:21). **더 잘 알려진 '첨가는 5:7~8에 있는 이른바 '요한의 쉼표'('Johannine Comma')이다."**[7]

그러면서도 그는 그 뒤 이렇게 썼습니다.

"요한 1서의 문서사가 암시하는 바에 따르면, 본문에 대한 수정이 더 일찍 있었던 것으로 보인다. 원래 저자라면 이러한 수정을 가하는 데 있어 주저하지 않았을 것이다. 그가 같은 편지를 각기 다른 경우에, 각기 다른 사람들에게 보내기 위해 조금씩 상황에 맞게 변화를 주었을 수 있다. 그렇다면, 우리가 부딪친 몇몇 해석상의 어려움들은 그와 같은 과정을 반영하고 있는 것일 수도 있다. 그러나 그런 사

7 무디 스미스 『요한 1, 2, 3서』 유승원 옮김. 서울: 한국장로교출판사, 2012. pp. 172-173.

안들에 대해 정확히 알 수 있는 길은 없다."[8]

그러나 이것은 추론일 뿐입니다. 또, 만약 이것이 사실이라면 요한일서가 두 권이 되어버립니다. 현대성서주석은 신신학적인 특징이 있습니다. 이것은 신신학적인 성향이 농후한 주장입니다. 사람의 책은 제 책처럼 수정 보완이 있을 수 있지만, 전지하신 하나님의 말씀에 어떻게 수정 보완이 있을 수 있습니까? 이것은 성경의 절대적인 권위에 대한 경외심이 결여된 말이고 바른 것이 아닙니다.

또, 둘 다 요한이 쓴 것이라도 킹제임스 성경을 신봉하는 사람들의 생각이 틀린 것이 됩니다. 왜냐하면 그들 중 심지어 킹제임스 성경만이 참 성경이고 나머지는 가짜 성경이라는 식의 극단적인

---

8 무디 스미스 『요한 1, 2, 3서』 유승원 옮김. 서울: 한국장로교출판사, 2012. pp. 172-173.

주장을 펼치는 자들이 있기 때문입니다.

이 외에도, 결정적으로 중요한 사실이 있습니다. 그것은 교부들이 삼위일체에 대한 이단과 싸우면서 이 구절들을 인용한 적이 없다는 것입니다. 데이비드 잭맨은 『BST 요한서신』 주석에서 이렇게 썼습니다.

“그와 같은 본문 삽입을 반대하는 가장 강력한 증거는 아마도 초대 교회 교부들 중에서 단 한 사람도 그 본문을 인용한 적이 없다는 사실일 것이다. 만약 그 본문이 있었더라면, 교부들은 이단들과의 싸움에서 주저 없이 그 본문을 삼위일체에 대한 명확한 성경적 증거로서 제시했을 것이다.”[9]

또한, 스테판 S. 스말리도 『WBC 요한 1, 2, 3

9 데이비드 잭맨 『BST 요한서신』 김일우 옮김. 서울: 한국기독학생회, 2019. p. 231.

서』 주석에서 이렇게 썼습니다.

"이 단락에 대한 지식을 보여주는 성경 이외의 가장 오래된 저자는 스페인 이단 프리스킬리안(Priscillian, circa a.d. 385에 사망)인데, 그가 요한의 이 부분을 자신의 라틴어 책인 'Book of Apology'(Liber Apologeticus)에서 인용했을 때이다. 헬라어 교부들 중 그 누구도 이 단어들을 인용하지 않았다."[10]

이는 킹제임스 성경에 나온 내용이 성경 본래의 내용이 아니라는 가장 강력한 증거 중의 하나입니다. 그래서 저는 킹제임스 성경을 지나치게 높이고 신봉하는 사람들에 대해 부정적인 인식을 갖고 있었습니다.

---

10 스테핀 S. 스말리 『WBC 요한 1, 2, 3서』 조호진 옮김. 서울: 솔로몬, 2014. p. 467.

그런데, 이것이 당시 제가 킹제임스 성경에 대해 알고 있는 전부였습니다. 그래서 혹 성령신학원 원장인 이동기 목사님은 더 아는 것이 있지 않을까 싶어서 전화했습니다. 그런데 그것이 주효했습니다. 이동기 목사님은 전에 박사과정 밟을 때 특별히 사본학을 배웠다고 했습니다. 그러면서 킹제임스 성경에 대해 줄줄이 설명하기에 듣다가 정리해서 저에게 보내달라고 했습니다. 다음은 이동기 목사님이 정리해서 저에게 보내준 글입니다.

킹제임스 성경의 모판이 된 비잔틴 사본들에 대한 사본학적 입장

성경 원문은 남아있지 않습니다. 왜냐하면 성경의 기록은 당시 파피루스나 양피지에 기록되었는데, 이러한 재질은 시간이 지나면서 낡고 소멸되기 때문입니다. 그래서 성경을 보존하고 전하기 위해 필연적으로 많은 필

사본들이 생겨났습니다. 즉, 필사자들이 성경 원문을 베끼면서 수많은 사본이 생겨났습니다.

그런데 필사자들이 사람이기에 실수도 발생하고 세월이 흐르면서 당대에 어려워 보이는 표현들을 고치고 개선하기도 하면서 사본들이 차이를 보이기 시작했습니다.

여기서 사본학의 필요성이 대두되는데 사본학은 사본학적인 원리와 규칙에 따라 여러 사본들을 정밀하게 비교하면서 원문을 복원하는 학문입니다.

1. 비잔틴 사본의 역사적 배경과 사본학적 입장

사본학에 무지한 일부 사람들은 킹제임스 성경의 근거가 된 비잔틴 사본들(공인 본문, 또는 다수 본문)이 신약의 사본들 중에 가장 많기 때문에 권위가 있고 가장 옳다고 주장합니다. 오늘날까지 보존된 신약 사본 중에 대부분이 비잔틴 사본이기 때문입니다.

그러나 사본 학자들은 사본의 숫자가 아니라 사본의

질이 중요하다고 판단합니다. 왜냐하면 사본의 보존은 역사적 상황에 따라 변수가 많기 때문입니다.

초대교회의 사본들은 로마의 핍박으로 많이 유실되었습니다. 특히 로마 황제 디오클레티안(Diocletian)이 성경을 불태우도록 명하여 이때 강제 수거된 많은 초기 사본들이 파괴되었습니다. 그리고 7세기에는 이슬람 세력의 확장으로 북아프리카, 이집트, 팔레스타인, 시리아와 메소포타미아 등지에서의 기독교 쇠퇴로 사본이 적을 수밖에 없었습니다.

이에 반해 동로마의 비잔틴 지역은 수도 콘스탄티노플이 1453년에 무너지기 전까지 외부의 방해 없이 성경의 필사가 활발할 수 있었기 때문에 비잔틴 사본들이 다수가 된 것은 당연한 것입니다. 또, 1453년 동로마가 망하면서 유럽으로 넘어온 학자들이 이러한 필사본들을 가져왔습니다. 이것을 인문주의자 에라스무스가 입수해 공인 본문(혹 다수 본문)을 근거해 장삿속으로 급히 헬라어 성서를 출판했는데 영국의 킹제임스 역본은 바로 에라스무스의 성서를 영어로 번역한 것입니다(영국왕 제임스 1세의 명으로 1611년 번역본 출판).

이처럼 신약성경 사본의 필사와 보존은 통계학적으로 판단할 수 있는 정상적인 상황이 아니라 급변하는 역사의 비정상적 상황에서 이루어졌기 때문에 신약 사본학에서는 사본의 다수성을 원문성의 증거로 사용할 수 없다고 봅니다. 20세기 사본 학자들은 사본의 양보다는 질을 더 중요하게 판단합니다.

이러한 원칙 때문에 압도적 다수를 차지하는 비잔틴 사본들의 권위가 무너지고 극소수인 고대 알렉산드리아 사본들[4세기 사본인 시내산 사본(א), 바티칸 사본(B)과 이들보다 오래된 주후 200년에서 3세기에 필사된 것으로 파피루스들인 P46, P66, P75 등]이 품질의 우수성을 표방할 수 있었습니다. 이 원칙은 '사본들은 저울질되어야 하며, 세어져서는 안 된다'라는 말로 압축됩니다.

2. 비잔틴 사본들보다 더 오래된 사본들

오래된 사본은 원본으로부터의 전승 기간이 짧기 때문에 상대적으로 오류를 덜 포함할 수 있습니다. 따라서 2-3세기의 파피루스들이나 4세기에 필사된 시내산 사본이나 바티칸 사본이 더 선호됩니다. 비잔틴 사본의 본문 유형은 후기 시대(5세기 이후)에 속해 있습니다. 물론 오래된 사본이라도 불량 사본일 수 있으므로 이러한 난제를 극복하기 위한 방안이 나이보다 사본들 안에 담긴 본문 유형들의 나이를 고려하는 것입니다. 이런 점에서 고대 알렉산드리아 본문 유형의 시내산 사본과 바티칸 사본, 그리고 서방 본문 유형에 속하는 베자 사본과 라틴어 역본들이 그 가치를 인정을 받고 있습니다.

사본학에서 원문을 복원하는 데 가장 강력한 외적 증거는 서로 영향을 주고받지 않은 독립적인 본문 유형의 대표적 사본들이 모두 일치할 때입니다. 따라서 **시내산 사본(א), 바티칸(B), 베자 사본(D), 고대 라틴어 역본(it)**이 서로 일치하는 경우 그것은 **다중 증거**를 받는 것으로서 성경 원문일 가능성이 매우 높습니다.

3. 로마서 8:1에 대한 사본학적인 판단

[개역개정] 롬 8:1 "그러므로 이제 그리스도 예수 안에 있는 자에게는 결코 정죄함이 없나니"

[킹제임스] 롬 8:1 "그러므로 이제 그리스도 예수님 안에 있는 자들에게는 정죄함이 없나니 **그들은 육신을 따라 걷지 아니하고 성령을 따라 걷느니라.**"

개역개정이나 새번역, 그리고 공동번역은 동일하지만, 킹제임스는 뒤에 "그들은 육신을 따라 걷지 아니하고 성령을 따라 걷느니라"가 덧붙여져 있습니다. 왜 그럴까요? 몇몇 사본들에는 그렇게 기록되어 있기 때문입니다. 그래서 어느 것이 원문에 가까운 것인지 사본학적인 판단과 분별이 요구됩니다. 로마서 8장 1절에 관한 사본들의 독법은 다음 세 가지로 나뉩니다.

(1) "육신을 따라 행하지 않고", [사본: A D^1 ψ 81. 365. 629]

(2) 위의 (1)에 첨가, "그러나 영을 따라" , [사본: a^2 D^2 33^{vid} 𝔐]

(3) 첨가 없음(개역개정) [사본: a* B D* F G 6. 1506. 1739. 1881]

(1)의 독법만 기록된 경우는 대표적인 비잔틴 사본(A)을 비롯해 후대 서방 본문 유형(D^1)과 비잔틴 일부 사본들이 지지합니다.

(2)는 비잔틴 사본, 즉 다수 사본(𝔐)과 후대 알렉산드리아 사본(a^2 D^2)이 지지합니다.

(3)은 앞서 사본학적 증거에서 설명한 것처럼, 고대 알렉산드리아 본문 유형에 속하는 시내산 사본(a)과 바티칸 사본(B), 그리고 서방의 베자 사본(D)의 지지로 독

립적인 본문 유형의 대표적인 사본들의 강력한 다중 증거를 보여주고 있습니다. 게다가 4세기 교부 암브로시에스터의 글에 당시 성경에서 로마서 8장 1절을 인용한 것에서도 (3)의 독법을 지지합니다. 그러므로 외적인 증거는 (3)이 가장 원문에 가까운 독법(표현)으로 인정됩니다. 따라서 외적 증거는 개역개정(새번역, 공동번역)의 번역을 강력하게 지지합니다.

지금까지 외적 증거를 살펴보았고 이제 내적 증거를 살펴보겠습니다. 킹제임스가 따르는 비잔틴 사본은 로마서 8장 1절 뒤에 "그들은 육신을 따라 걷지 아니하고 성령을 따라 걷느니라"를 기록했습니다. 만일 이것은 원문이라면 필사자들이 이 문장을 제거할 이유가 없습니다. 원문을 보존해야 한다는 필사의 원칙에 의거해 합당한 설명이 성립되지 않습니다. 이것은 사본학의 '설명 가능성의 원리'에 반하는 것입니다. 반대로 (3)의 독법이 원래의 원문이라면 (1)과 (2)는 다른 사본과 비교할 때 긴 표현을 선호하는 비잔틴 사본들의 특징을 보여주는 것으로 설명될 수 있습니다. 다른 사본들보다 더 긴 표현이 있다는 것은 필사자들이 이해를 돕기 위해 쉽게 풀기 위해 개선해서 필사한 것으로 설명됩니다. 즉 이해를 돕기 위해 1절에 4절의 표현("육신을 따르지 않고 그 영을 따라 행하는")을 첨가시킨 것입니다.

이런 이유로 사본학에서는 더 짧은 표현이 원문에 가까운 것으로 봅니다. 거칠고 어려운 표현을 쉽게 부드럽게 풀어서 필사하는 것이 필사자들의 경향이기 때문입니다. 필사자들이 이해하기 쉽고 조금 더 긴 표현을 짧게 표현해서 더 어렵게 만들지는 않기 때문입니다.

결론입니다. 사본학적 관점에서 외적 증거나 내적 증거 모두 킹제임스 번역을 반대합니다. 이런 이유로 영어 성경 중에서 킹제임스 외에 다른 영어 성경들은 개역개정과 동일하게 첨가된 부분들이 없습니다(찾아본 영어 성경들 참고, ASV, ESV, NAS, NAU, NET, NIV, NLT, NRS, RSV 등). 이런 배경에서 킹제임스 성경만이 진정

한 성경이라 하고 다른 성경을 마귀 성경이라 주장하는 말씀보존학회의 주장은 극단적이고 사본학적 관점에서 뒷받침이 되지 않는 매우 잘못된 것입니다.

저는 전화로 이 설명을 들을 때 '내가 너무 무지하다'고 하며 탄식했습니다. 그러자 이동기 목사님이 이렇게 위로를 했습니다.

"이것은 목사들이 대부분 모릅니다. 모르는 것이 당연합니다. 사본학을 특별히 배우지 않았으면 모를 수밖에 없습니다. 그래서 담임목사님이나 장로님이 모르는 것이 충분히 이해가 갑니다."

제가 굳이 이 말을 소개하는 이유는, 저를 위해서가 아니라 장로님과도 연관이 있기 때문입니다.

또한, 여러분이 이 위에 하나 더 아셔야 할 것이 있습니다. 그것은 킹제임스 성경이 로마서 8장 1절에 첨가한 부분을 거의 모든 주석이 다루지 않고 있다는 것입니다. 왜냐하면 그것은 성경 원문이 아니라서 그럴 가치가 없다고 판단했기 때문입니다. 제가 읽어본 많은 주석들과 강해집 중 한 권씩만 그 부분에 대해 언급했고 그것도 둘 다 부정적으로 평가했습니다.

먼저, D. M. 로이드 존즈의 『로마서 강해 제4권』에 보면 이런 내용이 나옵니다.

> "현대적인 번역 성경을 가진 분들은 1611년에 된 흠정역(A.V.)에 있는 구절이 생략되어 있음을 발견할 것입니다. 즉 '육신을 따르지 않고 성령을 따라 행하는 그리스도 예수 안에 있는 자들 … '이라는 구절을 말합니다. 4절에서도 같은 용구(用句)가 발견됩니다. **가장 오래되고 가장 훌륭한 사본들은 1절에서 그 용구들이 빠져 있습니다. 그러므로 본문비평**(本文批評; textual criticism)**을 근거로** - 고등비

평(higher criticism)이 아니라 본문비평을 근거로 - 하면 이 용구를 생략하는 것이 아마 현명할 것입니다. 그래서 '그러므로 그리스도 예수 안에 있는 자들에게는 결코 정죄함이 없나니'로 하는 것이 현명할 듯합니다."[11]

또, 더글라스 J. 무의 『NICNT 로마서』 주석에 보면 이런 내용이 나옵니다.

"KJV역에서는 '그리스도 예수'('Christ Jesus') 다음에 '육신을 따르지 않고 영을 따라 사는'('who walk not after the flesh, but after the Spirit')을 덧붙이는데, 이것은 다수파 텍스트와 그 밖의 몇몇 사본에서 발견되는 이문을 반영한다(그런 사본으로는 ℵ의 2차 <비잔틴> 교정본과 서방 사본 D의

11 D. M. 로이드 존즈 『로마서 강해 제4권』 서문 강 옮김. 서울: 기독교문서선교회, 1993. p. 329.

2차 교정본이 있고, 2차 알렉산드리아 사본 33이 <아마> 여기에 속할 것이다. 그 밖에 다른 몇몇 사본 <알렉산드리아 사본 A, 서방 사본 D의 1차 교정본, Ψ>에는 'who do not walk after the flesh'('육신을 따르지 않고')에 해당하는 헬라어만이 첨가되어 있다). **이 단어들은 로마서를 필사하는 과정에서 어느 시기에 4절에 동화된 결과였다.**"[12]

이와 같이 킹제임스 성경에 나오는 "그들은 육신을 따라 걷지 않고 성령을 따라 걷느니라."라는 부분은 원문에 없는 내용입니다. 그러므로 그것 때문에 "해방"에 대한 제 해석이 뒤집히지는 않습니다.

끝으로, 성경을 읽다 보면 "**(없음)**"이라고 나오는 구절들이 있습니다. 우리는 이것을 읽을 때 '아, 원래 원본에는 있었는데 소실되었나 보다.'라

12 더글라스 J. 무 『NICNT 로마서』 손주철 옮김. 서울: 솔로몬, 2015. p. 645.

고 생각합니다. 그러다가, 킹제임스 성경 추종자들이 "킹제임스 성경에는 '없음'이라고 표현된 구절들이 하나도 빠짐없이 다 있다!"고 선전하는 말을 듣게 됩니다. 그래서 '그렇다면 킹제임스 성경이 완전한 성경이고 우리가 읽는 성경은 불완전한 것 아닌가?'라는 생각이 들고 그들에게 미혹되기 딱 좋습니다.

이번에 저는 이 구절들을 생각할 때 이런 의문이 들었습니다.

'예수님은 친히 천지는 없어질지라도 내 말은 없어지지 아니하리라고 말씀하셨다. 그런데 예수님의 말씀이 틀렸을 리도 없는데, 어떻게 성경구절이 없어질 수가 있지?'

그러고 있을 때, 이런 생각이 떠올랐습니다.

'혹시 (없음)이 이런 것 아닐까? 후기에 필사한

부정확한 사본을 번역한 성경을 가지고 절 구분을 했고, 그 후 더 원본에 가까운 오래된 사본들에는 어떤 구절이 없는 것을 보고 그 구절들을 (없음)이라고 표기한 것은 아닐까? 즉, 원본에 더 가까운 사본에는 없다는 것을 표시한 것이 아닐까?'

그래서 이동기 목사님에게 물어보았는데 그것까지는 잘 모르겠다고 하더라고요.

그러나 여기서 포기할 제가 아니지요! 저는 내친김에 (없음)에 대해 알아보았는데, 제 추측이 옳았습니다. 그 증거로, 대한성서공회 "성경에 관한 FAQ 코너" 즉 자주 묻는 질문 코너에 보면 이런 글이 올라와 있습니다.

"신약성경 속에 (없음)으로 되어 있는 부분이 있는데, 왜 이런 부분이 있나요?

이전까지의 성서본문은 장절 구분이 없었지만

스테파누스(Stephanus Robertus, 1506~1559)의 그리스어 신약성경 4판부터는 지금 우리의 성경과 같이 장절을 구분하여 인쇄하였습니다. 그러나 '여행 도중에 말 위에서 장절 구분 작업을 했다'는 이야기가 전해질 정도로 정확하지 않은 부분들이 있어서 오늘날 신약성서에서 절 구분이 어색한 부분들이 남아 있습니다. 또한 **'절 없음'** 현상이 생겨서 **후대에 추가된 문장이라 삭제되었음을 의미하는 '절 없음' 문장**과 함께 '어떤 사본에는 이러한 내용이 있습니다.'라는 각주가 있게 되었습니다.

- 사도행전 15장 30~35절
- 사도행전 8장 34~38절

'절 없음' 부분은 번역자들이 실수하여 빠뜨린 것이 아니라, 앞뒤 문맥과 내용을 부드럽게 연결하기 위하여 후세에 편의로 첨부한 것입니다. 그래서 원 본문을 회복시키기 위하여 원 본문과 같이 삽입한 내용을 빼고 '절 없음'으로 남겼습니다.

마태복음 17장 21절을 찾아보면, 본문이 있어야 할 곳에 본문은 없고, 그 대신에, 괄호가 쳐 있고 그 괄호 안에 '21절 없음'이라는 말이 들어 있습니다. 그리고 거기에는 난외주 1번을 보라는 지시가 있습니다. 그 지시를 따라서 난외주 1번을 보면, '어떤 사본에, 21절 [기도와 금식이 아니면 이런 유가 나가지 아니하느니라]가 있음'이라고 적혀 있습니다. 이것은 후대 사본이 마가복음 9장 29절에서 따다가 첨가한 것입니다.

18장 11절도, 본문이 없고 난외주에 '어떤 사본에는, 11절 [인자가 온 것은 잃은 자를 구원하려 함이니라]가 있음'이라고 적혀 있습니다. 이것은 후대 사본이 누가복음 19장 10절에서 가져다가 여기에 첨가시킨 것입니다.

'절 없음'이라고 된 부분은 고대 사본에 없는 본문입니다. 3세기 전후의 파피루스 사본이나, 4-5세기의 대문자 사본에는 없는 본문들입니다. 11세

기 전후의 소문자 사본에만 나오는 본문입니다.

11세기의 사본을 가지고 절을 구분하고 거기에 고유번호를 붙였기 때문에 그 이전의 고대 사본에 없는 구절의 경우는, 절만 빼고, 절 번호는 그대로 두었기 때문에, 이러한 '절 없음'이라는 표시가 나오게 된 것입니다. 11세기의 사본은 확대된 사본입니다. 확대된 내용은 다른 어느 곳에서 온 것이 아니라 성경의 관련 구절에서 온 것들입니다. 그러므로 '절 없음'이라는 표시가 있는 난외주에서 거기에 첨가되어 있던 본문을 보면 결코 생소한 본문이 아닌 것을 쉽게 알 수 있습니다."[13]

요약하면, 성경을 읽다 보면 (없음)이라고 된 구절들을 발견할 수 있는데, 이것은 후기에 기록된 사본에는 있지만 더 중요하고 정확한 오래된 사본

---

13 https://www.bskorea.or.kr/bbs/board.php?bo_table=society1&wr_id=13

에는 없다는 표시라는 것입니다. 하지만 왜 이것을 (없음)이라고 표기합니까? (더 정확한 사본에는 없음)이라고 표기해야 하지 않나요? 저는 이런 표기를 한 학자들이 너무 부주의했다고 생각합니다. 오해할 수밖에 없는 표현이기 때문입니다.

아무튼, 우리가 이것을 통해 알 수 있는 중요한 사실이 있습니다. 그것은 쓸데없이 원문에 없는 구절들을 다 채워놓은 킹제임스 성경이 참 성경이고 다른 성경은 가짜일 수 없다는 것입니다. 또, 어떻게 이런 킹제임스 성경이 다른 번역본들보다 우월한 성경이라고 할 수 있겠습니까? 절대로 그렇지 않습니다. 그러므로 킹제임스 성경에 대해 신경을 끄시고 그 추종자들을 멀리하십시오. 그리고 개역개정과 다른 번역본들을 원어와 주석들을 참고해 가며 열심히 읽고 공부하시길 바랍니다.

거룩한진주의 도서들 1

변승우 목사의 저서

로마서 7장 14-25절의
현재시제와 삽입구에 대한 사이다 설명
변승우 | 신국판 변형 | 136면 | 10,000원

목사님, 십자가 강도의 구원이 궁금해요!
변승우 | 신4.6판 | 52면 | 6,000원

내가 너희에게 복을 주리라!
변승우 | 신국판 변형 | 120면 | 9,000원

우리가 죽을 때까지 초점 맞춰야 할 4가지!
변승우 | 신4.6판 | 56면 | 5,500원

신앙생활 완벽 가이드
성령의 세 가지 인도!
변승우 | 신국판 | 240면 | 13,000원

더 높은 차원으로 부르시는 하나님!
변승우 | 신국판 | 168면 | 12,000원

신자들이 섬기는 세 가지 우상!
변승우 | 신국판 변형 | 80면 | 7,000원

저자가 쓴 130권 중 대표작!
개신교의 아킬레스건이 된 칭의의 교리
변승우 | 신국판 | 440면 | 23,000원

한국 교회, 개혁 외에는 답이 없다!
쇼킹! 한기총회장과 사무총장의 돈 요구!
변승우 | 신국판 | 188면 | 12,000원

특별기획
다문화TV 초대석 - 인터뷰 전문
사랑하는교회 변승우 목사
변승우 | 신국판 변형 | 64면 | 7,000원

엄선한 천국지옥 방문기!
당신의 영원을 어디서 보낼 것인가?
변승우 편저 | 신국판 | 276면 | 13,000원

영과 혼의 궁금증이 풀리다!
너 자신을 알라!
변승우 | 신국판 | 496면 | 25,000원

저자가 쓴 125권 중 대표작!
당신의 복음은 바울의 복음인가?
변승우 | 신국판 | 532면 | 22,000원

사랑하는 사람을 구원하는 책!
노후준비보다 중요한 사후준비!
변승우 | 신국판 | 184면 | 12,000원
큰글씨 | 신국판 | 232면 | 13,000원

하나님 아빠 아버지!
변승우 | 신국판 변형 | 84면 | 7,000원

우리 산상수훈과 함께 다시 시작해요! (중)
나는 바리새인보다 나은 의를
가지고 있는가?
변승우 | 신국판 | 512면 | 20,000원

유대교의 전철을 밟고 있는 개신교!
변승우 | 신국판 변형 | 80면 | 6,000원

우리 산상수훈과 함께 다시 시작해요! (상)
나는 팔복의 사람인가?
변승우 | 신국판 | 524면 | 20,000원

중심이 미래를 좌우한다!
변승우 | 신국판 | 120면 | 7,000원

은사 사역 필독서!
너희는 더욱 큰 은사를 사모하라!
변승우 | 신국판 | 272면 | 12,000원

이 책 한 권이면 계시록이 보인다!
하나님의 어리석음이 사람보다 지혜롭다!!!
변승우 | 신국판 | 848면 | 33,000원

지옥에 가는 크리스천들
(수정증보판)
변승우 | 신국판 | 424면 | 12,000원

터
변승우 | 신국판 | 292면 | 9,000원

정경의 권위
변승우 | 신국판 | 160면 | 7,000원

다이아몬드 같은 진리!
변승우 | 신국판 | 488면 | 16,000원

예정론의 최고난제:
토기장이의 비유 풀이!
변승우 | 신국판 | 244면 | 12,000원

능력으로 관통되는 복음!
변승우 | 신4.6판 | 76면 | 5,000원
큰글씨 | 신국판 변형 | 84면 | 6,000원

이기는 자가 가는 나라!
변승우 | 문고판 | 48면 | 3,000원
큰글씨 | 신국판 변형 | 56면 | 4,000원

한 가지!
변승우 | 신국판 변형 | 112면 | 6,000원

십일조 대논쟁!
변승우 | 신국판 | 144면 | 7,000원

길
변승우 | 신국판 | 228면 | 7,000원

열방을 위한 하나님의 전략!
변승우 | 신국판 | 184면 | 9,000원

정통보다 더 성경적인 교회!
변승우 | 신국판 | 180면 | 8,000원

하나님의 집인가? 귀신의 집인가?
변승우 | 신국판 변형 | 84면 | 5,000원

당신의 자녀를
하나님의 자녀가 되게 하라!
변승우 | 신국판 변형 | 108면 | 5,000원

참으로 하나님의 은혜를 깨달은 날부터!
변승우 | 신국판 변형 | 64면 | 4,500원

사랑하는교회에 뿌리를 내려라!
변승우 | 신4.6판 | 80면 | 6,000원

제7차 아프리카 선교 보고
오늘도 살아 역사하시는 하나님!
변승우 편저 | 신국판 변형 | 92면 | 7,000원

"아이고 집사님, 아이고 권사님,
아이고 목사님이 왜 지옥에 계시나요?"
신국판 변형 | 52면 | 5,000원

아프리카 선교 현장에서
사도행전이 재현되다!
신4.6판 | 56면 | 3,500원

주님, 이 구절은 무슨 뜻인가요?
변승우 | 신4.6판 | 132면 | 6,500원

거룩한진주의 도서들 2

강남 사는 이작골 스타일 목사의 산소 같은 산행일기 3
변승우 | 4.6배판 변형 | 328면 | 17,000원

부에 대한 균형 잡힌 가르침!
변승우 | 신국판 | 160면 | 8,000원

사랑하는교회는 어떤 교회인가?
변승우 | 신국판 변형 | 108면 | 6,000원

강남 사는 이작골 스타일 목사의 산소 같은 산행일기 2
변승우 | 4.6배판 변형 | 292면 | 16,500원

해 아래 가장 명백한 진리! (복음전도용)
변승우 | 문고판 | 24면 | 1,000원
큰글씨 | 신국판 변형 | 24면 | 2,000원

오직 기독교가 길이요 진리요 생명이다!
변승우 | 문고판 | 40면 | 2,000원
큰글씨 | 신국판 변형 | 48면 | 3,000원

성경이 흔들리면 기독교가 무너진다!
변승우 | 신국판 | 164면 | 7,000원

평생 되새겨야 할 가장 중요한 진리!
변승우 | 신국판 변형 | 104면 | 7,000원

동성애 쓰나미!
변승우 | 신국판 | 328면 | 13,000원

믿음의 말씀 바로 알기!
변승우 | 신국판 변형 | 168면 | 8,000원

스카이(SKY)보다 크신 하나님!
변승우 | 신4.6판 | 76면 | 5,000원

하나님께 나아가자!
변승우 | 신국판 변형 | 92면 | 6,000원

하나님의 시선을 끄는 겸손!
변승우 | 신4.6판 | 48면 | 4,000원

땅에 떨어지는 예언들!
변승우 | 신국판 | 216면 | 11,000원

믿음으로 자백하라!
변승우 | 신국판 변형 | 160면 | 7,000원

전염병 경보 발령!
변승우 | 신국판 변형 | 84면 | 5,000원

사랑하는교회(舊 큰믿음교회) 이단시비 종결되다!
변승우 편저 | 신국판 | 196면 | 6,000원

교회를 허무는 마귀의 교리 은사중지론!
변승우 | 신4.6판 | 60면 | 6,000원

당신의 고백을 점검하라!
변승우 | 신국판 변형 | 64면 | 4,000원

종말론 바로 알기!
변승우 | 신국판 변형 | 88면 | 4,500원

아~ 믿으라는 말이 이런 뜻이었구나?
변승우 | 신국판 변형 | 96면 | 5,000원

알면 사랑할 수밖에 없는 하나님
변승우 | 신4.6판 | 40면 | 2,000원

하나님이 주신 비전!
변승우 | 신4.6판 | 136면 | 4,000원

?
변승우 | 신국판 | 312면 | 11,000원

하나님의 부르심
변승우 | 신4.6판 | 60면 | 2,500원

하나님의 선물
변승우 | 신4.6판 | 128면 | 4,000원

크리스천의 문화생활
변승우 | 신4.6판 | 64면 | 2,500원

사랑받고 사랑하는 사람!
변승우 | 신4.6판 | 120면 | 4,000원

강남 사는 이작골 스타일 목사의 산소 같은 산행일기
변승우 | 4.6배판 변형 | 312면 | 16,500원

성경이 무엇을 말하느냐?
변승우 | 신국판 변형 | 168면 | 5,000원

나는 행복합니다
변승우 | 신4.6판 | 124면 | 4,000원

박해
변승우 | 신국판 변형 | 140면 | 5,000원

과부 명부!
변승우 | 신4.6판 | 120면 | 2,500원

멍에
변승우 | 신국판 | 200면 | 5,000원

하나님이 절대주권으로 예정하셨다고요?
변승우 | 신국판 | 296면 | 8,000원

대질심문
변승우 | 신국판 | 324면 | 6,000원

천국의 가장 작은 자가 어떻게 세례 요한보다 클 수가 있나?
변승우 | 신국판 변형 | 96면 | 3,000원

계시
변승우 | 신국판 | 124면 | 4,000원

자의식 대수술!
변승우 | 신국판 | 184면 | 4,500원

종교개혁보다 나를 개혁하는 것이 더 중요하다!
변승우 | 신국판 | 348면 | 9,000원

내가 너희를 사랑한 것같이!
변승우 | 신국판 | 200면 | 4,500원

예언을 멸시하지 말라!
변승우 | 신국판 | 190면 | 5,000원

올바른 성경 읽기
변승우 | 신국판 | 120면 | 6,000원

청년이 무엇으로 그의 행실을 깨끗하게 하리이까?
변승우 | 신국판 | 104면 | 5,000원

푯대
변승우 | 신국판 | 184면 | 5,000원

용서는 나를 위한 것이다!
변승우 | 신국판 | 114면 | 4,000원

종교개혁은 아직 끝나지 않았다!
변승우 | 신국판 | 148면 | 5,500원

주께서 보여주신 선(善)
변승우 | 신국판 | 118면 | 4,500원

할렐루야!
변승우 | 신국판 | 148면 | 4,500원

기름부음 받은 자를 존중하라!
변승우 | 신국판 | 98면 | 7,000원

거룩한진주의 도서들 3

미혹
변승우 | 신국판 | 136면 | 7,000원

내가 꿈꾸어온 교회
변승우 | 신국판 | 148면 | 4,000원

교회여~ 추수꾼들을 일으켜라!
변승우 | 신국판 | 142면 | 7,000원

습관적인 죄에 대한 새로운 이해!
변승우 | 신국판 | 112면 | 7,000원

예수님이 전부입니다!
변승우 | 신국판 | 114면 | 7,000원

하나님은 용기 있는 사람을 쓰신다!
변승우 | 신국판 | 128면 | 5,000원

주의 음성을 네가 들으니!
변승우 | 신국판 | 128면 | 8,000원

실전 영분별
변승우 | 신국판 | 172면 | 9,000원

여호와의 산, 그 거룩한 곳!
변승우 | 신국판 | 112면 | 4,000원

1세기의 사도와 오늘날의 사도
변승우 | 신국판 | 161면 | 5,000원

장로 그리고 당회는 과연 성경적인가?
(수정증보판)
변승우 | 신국판 | 112면 | 5,000원

패러다임의 전환이 필요한
전통적인 계시관
변승우 | 신국판 | 176면 | 5,000원

날 사랑하심! 날 사랑하심~
변승우 | 신국판 | 176면 | 9,000원

교회가 변하면 세상이 변한다!
변승우 | 신국판 | 250면 | 7,000원

월드컵보다 더 중요한 경기
변승우 | 신국판 변형 | 130면 | 3,500원

말씀 말씀 하지만
성경에서 벗어난 제자 훈련
변승우 | 신국판 변형 | 183면 | 5,000원

긴급수혈
변승우 | 신국판 변형 | 73면 | 5,000원

그 시에 주시는 그 말을 하라!
즉흥 설교 제5권
변승우 | 신국판 변형 | 264면 | 7,000원

그 시에 주시는 그 말을 하라!
즉흥 설교 제4권
변승우 | 신국판 변형 | 292면 | 7,000원

그 시에 주시는 그 말을 하라!
즉흥 설교 제3권
변승우 | 신국판 변형 | 293면 | 7,000원

그 시에 주시는 그 말을 하라!
즉흥 설교 제2권
변승우 | 신국판 변형 | 305면 | 7,000원

그 시에 주시는 그 말을 하라!
즉흥 설교 제1권
변승우 | 신국판 변형 | 304면 | 7,000원

양신역사
변승우 | 신국판 변형 | 147면 | 7,000원

명목상의 교인인가? 미성숙한 신자인가?
변승우 | 신국판 변형 | 84면 | 5,000원

정통의 탈을 쓴 짝퉁 기독교
변승우 | 신국판 변형 | 295면 | 5,500원

예수빵 (개정판)
변승우 | 신국판 변형 | 116면 | 7,000원

가짜는 진짜를 핍박한다!
변승우 | 신국판 변형 | 163면 | 5,500원

구원에 이르는 지혜
변승우 | 신국판 변형 | 104면 | 4,500원

꺼져가는 등불, 양심
변승우 | 신4.6판 | 87면 | 2,500원

열방이 너희를 복되다 하리라!
변승우 | 신4.6판 | 77면 | 4,000원

하나님의 인자와 엄위 그 가운데
생명의 좁은 길이 있습니다!
변승우 | 신4.6판 | 156면 | 4,000원

여호와의 입에서 나오는 말씀
변승우 | 신국판 | 268면 | 10,000원

특별히 예언을 하려고 하라!
변승우 | 신국판 | 314면 | 9,000원

목사님, 어떻게 해야
마음이 청결한 자가 될 수 있나요?
변승우 | 문고판 | 90면 | 2,000원

좋은 씨와 맑은 물
변승우 편저 | 신국판 | 300면 | 5,000원

진짜 구원받은 사람도
진짜 버림받을 수 있다!
변승우 | 신국판 | 360면 | 13,500원

Am I a Person of the Beatitudes?
나는 팔복의 사람인가? [영문]
변승우 | 신국판 | 528면

A Book That Will Save The Ones We love
An Afterlife Plan More Important
Than One's Retirement Plan!
노후준비보다 중요한 사후준비! [영문]
변승우 | 신국판 | 164면

The Book of Acts Reenacted
: Missions in Africa!
아프리카 선교 현장에서
사도행전이 재현되다! [영문]
신4.6판 | 60면 | 3,500원

A Selection of Testimonies on Heaven and Hell!
Where Will You Spend Your Eternity?
당신의 영원을 어디서 보낼 것인가? [영문]
변승우 편저 | 신국판 | 236면

Christians Going to Hell
지옥에 가는 크리스천들 [영문]
변승우 | 신국판 변형 | 300면

The Foundation
터 [영문]
변승우 | 신국판 | 256면

根基
터 [중문]
변승우 | 신국판 변형 | 188면

Truth Like a Diamond!
다이아몬드 같은 진리! [영문]
변승우 | 신국판 | 495면

거룩한진주의 도서들 4

The Gospel Pervaded by Power
능력으로 관통되는 복음! [영문]
변승우 | 신국판 변형 | 41면

大能贯通的福音
능력으로 관통되는 복음! [중문]
변승우 | 신국판 변형 | 44면

The Kingdom of Overcomers
이기는 자가 가는 나라! [영문]
변승우 | 신국판 변형 | 52면

得胜者所进的国
이기는 자가 가는 나라! [중문]
변승우 | 신국판 변형 | 36면

When the Church Changes, the World Changes!
교회가 변하면 세상이 변한다! [영문]
변승우 | 신국판 | 220면

教会改变世界就会改变
교회가 변하면 세상이 변한다! [중문]
변승우 | 신국판 | 212면

The Clearest Truth Under the Sun
해 아래 가장 명백한 진리! [영문]
변승우 | 신국판 변형 | 44면

Christianity Alone Is the Way, and the Truth, and the Life!
오직 기독교가 길이요 진리요 생명이다! [영문]
변승우 | 신국판 변형 | 52면

唯独基督教是道路、真理、生命!
오직 기독교가 길이요 진리요 생명이다! [중문]
변승우 | 신국판 변형 | 32면

救いに至る知恵
구원에 이르는 지혜 [일본어]
변승우 | 문고판 | 102면

得救的智慧
구원에 이르는 지혜 [중문]
변승우 | 신국판 변형 | 96면

동역자 도서

영광에서 영광으로
김옥경 | 신국판 | 360면 | 16,000원

From Glory to Glory
영광에서 영광으로 [영문]
김옥경 | 신국판 변형 | 336면

荣上加荣
영광에서 영광으로 [중문]
김옥경 | 신국판 변형 | 336면

치유에 대한 성경적인 3가지 원리
치유티칭
진성원 | 신4.6판 | 96면 | 6,000원

김동욱 목사 명설교 모음
김동욱 | 신국판 | 232면 | 15,000원

물러서지 않는 것이 신앙이다!
이윤석 | 신4.6판 | 80면 | 3,000원

문맥 안에서 다시 보는 로마서 난해구
이동기 | 신국판 | 296면 | 15,000원

믿음의 순종
이동기 | 신4.6판 변형 | 72면 | 4,500원

팩트 체크!
"변승우 목사가 신사도 운동을 한다?"
이동기 외 2인 | 신4.6판 | 72면 | 4,000원

'주께서'
이 안에 치유의 비결이 있다!
이길용 | 신4.6판 | 116면 | 3,500원

하나님이 창안하신 부부질서
김원호 | 신국판 변형 | 273면 | 8,000원

읽는 자는 깨달을 찐저!
강순방 | 신국판 | 184면 | 5,000원

Let the Readers Understand!
읽는 자는 깨달을 찐저! [영문]
강순방 | 신국판 | 184면

번역서

그 발 앞에 엎디어
썬다 싱 | 신국판 변형 | 152면 | 10,000원

아주사 부흥 그 놀라운 간증
토미 웰첼 | 신국판 변형 | 200면 | 12,000원

가브리엘 천사를 만나다
롤랜드 벅 | 찰스 & 프랜시스 헌터 엮음 | 신국판
| 288면 | 15,000원

주여! 내 마음을 살피사
찰스 G. 피니 | 신국판 | 376면 | 8,500원

가브리엘 천사를 만난 사람
롤랜드 벅 · 샤론 화이트 | 신국판 | 246면 | 7,700원

마귀들에 대한 놀라운 계시
하워드 O. 피트만 | 신국판 | 196면 | 12,000원

킹제임스 성경 팩트 체크!

발행일 2024년 10월 23일 초판 1쇄
지은이 변승우
발행인 변승우
발행처 도서출판 거룩한진주
주 소 서울 송파구 위례성대로22길 27-22 (우) 05655
전 화 02-586-3079
팩 스 02-523-3079
Website http://www.belovedc.com
http://cafe.daum.net/Bigchurch (B 대문자)
http://www.youtube.com/@belovedch

ISBN 979-11-6890-056-1 02230